HTML Desde Cero

Tu Camino Hacia el Desarrollo Web Profesional

Índice

2- Introducción al Estilo con CSS
    ·Relación entre HTML y CSS
    ·Cómo Incluir CSS en HTML: En Línea, Interno y Externo
3- Ejemplos Prácticos
    ·Aplicar Estilos Básicos a un Documento HTML
    ·Uso de Clases e Identificadores (class e id) para Aplicar Estilos

Capítulo 3: Estructuración del Contenido

1- Divs y Spans
    ·Diferencias entre <div> y <span>
    ·Uso de <div> para Estructurar Bloques de Contenido
    ·Uso de <span> para Estilizar Partes de Texto
2- Tablas en HTML
    ·Estructura de una Tabla: <table>, <tr>, <td>, <th>
    ·Atributos y Propiedades de las Tablas
3- Formularios en HTML
    ·Elementos Básicos de un Formulario: <form>, <input>, <textarea>, <button>, <select>
    ·Validación Básica de Formularios

Capítulo 4: Multimedia y HTML5

1- Incorporación de Audio y Video
    ·Etiquetas de HTML5 para Multimedia: <audio>, <video>
    ·Atributos y Control de Reproducción
2- Gráficos y Animaciones
    ·Uso de <canvas> para Gráficos
    ·Integración de SVG (Scalable Vector Graphics)
3- Elementos Semánticos de HTML5
    ·Importancia de la Semántica en HTML5
    ·Elementos Semánticos: <header>, <footer>, <article>, <section>, <aside>, <nav>

Capítulo 5: Buenas Prácticas y Accesibilidad

1- Escribir Código Limpio y Estructurado
·Importancia de la Legibilidad y Mantenibilidad del Código
·Convenciones de Nomenclatura y Formateo
2- Accesibilidad en la Web
·Principios de Accesibilidad
·Uso de Etiquetas y Atributos Accesibles: aria-*, <label>, <alt>
3- SEO Básico
·Introducción al SEO (Search Engine Optimization)
·Buenas Prácticas de HTML para SEO

Capítulo 6: Herramientas y Recursos

1- Editores de Código
·Comparación de Editores de Texto y Entornos de Desarrollo
(VS Code, Sublime Text, Atom)
2- Herramientas de Depuración
·Uso de Herramientas de Desarrollo en Navegadores
(Chrome DevTools)
·Validadores de HTML
3- Recursos Adicionales
·Documentación y Tutoriales en Línea
·Comunidades y Foros de Desarrollo Web

Capítulo 7: Proyectos Prácticos

1- Proyecto 1: Página Personal
·Crear una Página Personal Simple con Enlaces, Imágenes
y Estilos Básicos
2- Proyecto 2: Blog Simple
·Estructurar un Blog con Artículos, Imágenes y un Formulario
de Contacto
3- Proyecto 3: Portafolio de Proyectos
·Crear un Portafolio con Galerías de Imágenes, Descripciones
de Proyectos y Enlaces Externos

Introducción

Propósito del Libro

En un mundo cada vez más digitalizado, el conocimiento del lenguaje HTML se ha convertido en una habilidad esencial para cualquier persona interesada en el desarrollo web. Este libro está diseñado para introducirte al lenguaje HTML de una manera accesible y estructurada, abarcando desde los conceptos más básicos hasta técnicas avanzadas. HTML Desde Cero: Tu Camino Hacia el Desarrollo Web Profesional te proporcionará una guía completa para aprender HTML desde sus fundamentos, construir una base sólida, y avanzar hacia la creación de páginas web sofisticadas.

A lo largo de este libro, te enseñaremos cómo escribir y estructurar el código HTML de manera eficiente, cómo integrar CSS para diseñar tus páginas, y cómo preparar el contenido para su visualización en diferentes dispositivos. Nuestro objetivo es que, al final de tu lectura, no solo tengas la capacidad de construir sitios web, sino también de comprender cómo HTML interactúa con otros lenguajes y herramientas del desarrollo web.

Breve Historia de HTML

Orígenes y Evolución del Lenguaje HTML

HTML, que significa HyperText Markup Language (Lenguaje de Marcado de Hipertexto), fue creado por Tim Berners-Lee en 1991 como parte del desarrollo de la World Wide Web. Originalmente, HTML se diseñó para estructurar y presentar documentos en la web, permitiendo la creación de hipervínculos que conectan diferentes páginas y recursos.

Desde su creación, HTML ha evolucionado significativamente. La primera versión, HTML 1.0, proporcionó una estructura básica para la web. HTML 2.0, lanzado en 1995, introdujo características adicionales como tablas y formularios. HTML 3.2 (1997) y HTML 4.0 (1999) siguieron con más mejoras, incluyendo hojas de estilo y soporte para scripting. XHTML, que surgió en 2000, fue una reformulación de HTML 4.0 en una forma que cumple con las reglas de XML, promoviendo una sintaxis más rigurosa y precisa.

Finalmente, HTML5, lanzado en 2014, marcó un hito importante en la evolución de HTML. Esta versión no solo consolidó las características existentes, sino que también introdujo nuevas etiquetas y funcionalidades, como el soporte nativo para audio y video, gráficos con <canvas>, y una estructura semántica mejorada con elementos como <article>, <section>, y <header>.

Diferencias entre las Versiones Principales de HTML

· HTML 1.0:
La versión original con una estructura básica para crear páginas web.
· HTML 2.0:
Introdujo tablas, formularios y elementos de texto enriquecido.
· HTML 3.2:
Añadió soporte para hojas de estilo y scripting.
· HTML 4.0:
Incluyó mejoras en la semántica y accesibilidad, introdujo CSS.
· XHTML:
Reformulación de HTML 4.0 en un formato XML estricto.
· HTML5:
Integración de multimedia, gráficos, y una estructura semántica avanzada.

¿Por Qué Aprender HTML?

Importancia de HTML en la Creación de Sitios Web

HTML es el pilar fundamental sobre el que se construyen las páginas web. Es el lenguaje de marcado que define la estructura y el contenido de una página, permitiendo la creación de encabezados, párrafos, enlaces, imágenes, listas, y otros elementos esenciales. Sin HTML, no existiría la web tal como la conocemos.

Aprender HTML te permitirá no solo construir páginas web básicas, sino también entender cómo se estructura y se presenta la información en la web. Es el primer paso para cualquier persona que desee entrar en el desarrollo web, ya que proporciona una base sobre la que se pueden construir habilidades adicionales en diseño web y programación.

Relación de HTML con Otros Lenguajes Web

Aunque HTML es crucial, no funciona de forma aislada. Se complementa con otros lenguajes y tecnologías para crear experiencias web completas y dinámicas:

· CSS (Cascading Style Sheets):
Se utiliza para aplicar estilos y diseños a los documentos HTML. Mientras HTML estructura el contenido, CSS se encarga de la presentación visual.

· JavaScript:
Es un lenguaje de programación que añade interactividad y funcionalidades dinámicas a las páginas web. JavaScript puede manipular los elementos HTML y CSS para crear experiencias web más ricas e interactivas.
El conocimiento de HTML te proporciona una comprensión sólida de la estructura de una página web, lo que facilita la integración con CSS y JavaScript. Juntos, estos lenguajes forman el tríada fundamental del desarrollo web moderno.

Capítulo 1:
Fundamentos de HTML

1 -Introducción a HTML

¿Qué es HTML?

HTML, que significa HyperText Markup Language (Lenguaje de Marcado de Hipertexto), es el estándar principal para crear y estructurar contenido en la web. HTML permite definir la estructura de las páginas web a través de un sistema de etiquetas que organizan el contenido en elementos significativos. Estas etiquetas indican al navegador web cómo debe mostrar el contenido.

HTML no es un lenguaje de programación; es un lenguaje de marcado que utiliza una serie de elementos o "etiquetas" para describir el contenido de una página. Las etiquetas HTML están rodeadas por corchetes angulares (< y >), y suelen venir en pares, con una etiqueta de apertura y una de cierre.

Estructura Básica de un Documento HTML

Un documento HTML básico sigue una estructura específica que le indica al navegador cómo interpretar el contenido. La estructura mínima de un archivo HTML se ve así:

```
<!DOCTYPE html>
<html>
<head>
   <meta charset="UTF-8">
   <title>Título de la Página</title>
</head>
<body>
   <!-- Contenido de la página aquí -->
</body>
</html>
```

• <!DOCTYPE html>:
Esta declaración le dice al navegador que el documento es HTML5.

• <html>:
La etiqueta raíz que contiene todo el contenido de la página.

• <head>:
Contiene metadatos sobre la página, como el título y enlaces a hojas de estilo.

• <body>:
Contiene el contenido visible de la página, como texto, imágenes y enlaces.

Elementos y Etiquetas Esenciales

• Elementos:
Un elemento HTML consiste en una etiqueta de apertura, contenido, y una etiqueta de cierre. Por ejemplo, el elemento <p> para párrafos se utiliza así:

<p>Este es un párrafo.</p>

• Etiquetas de Apertura y Cierre:
Las etiquetas de apertura y cierre encierran el contenido y se ven así: <etiqueta>contenido</etiqueta>. La etiqueta de cierre tiene una barra inclinada (/) antes del nombre de la etiqueta.

2- Creación de Tu Primer Documento HTML

Paso a Paso para Crear un Archivo HTML

1- Elegir un Editor de Texto:
Puedes usar un editor de texto simple como el Bloc de Notas en Windows o TextEdit en macOS. También puedes usar editores de código más avanzados como Visual Studio Code, Sublime Text, o Atom.

2- Crear un Nuevo Archivo:
Abre tu editor de texto y crea un nuevo archivo.

3- Escribir el Código HTML:
Escribe el código HTML básico en el archivo. Aquí tienes un ejemplo sencillo:

```html
<!DOCTYPE html>
<html>
<head>
    <meta charset="UTF-8">
    <title>Mi Primera Página Web</title>
</head>
<body>
    <h1>Bienvenido a mi primera página web</h1>
    <p>Este es un párrafo en mi primera página web.</p>
</body>
</html>
```

4- Guardar el Archivo:
Guarda el archivo con la extensión .html, por ejemplo, index.html.

5- Abrir en un Navegador:
Abre el archivo guardado en un navegador web para ver cómo se muestra tu contenido.

Explicación de los Elementos Básicos: <!DOCTYPE html>, <html>, <head>, <body>

· <!DOCTYPE html>:
Informa al navegador que el documento está escrito en HTML5, lo que asegura que el navegador renderice el contenido de acuerdo con los estándares actuales.

· <html>:
El elemento raíz que contiene todo el contenido de la página.

· <head>:
Contiene información sobre el documento, como el título y las metas. No se muestra en la página web, pero proporciona datos importantes para el navegador y motores de búsqueda.

· <body>:
Contiene el contenido visible de la página, como texto, imágenes y enlaces.

3- Etiquetas Básicas de HTML

Cabeceras (<h1> - <h6>):

as etiquetas de cabecera se usan para definir los encabezados en un documento HTML. La etiqueta **<h1>** es la más importante y **<h6>** la menos importante.

<h1>Encabezado Principal</h1>
<h2>Subencabezado</h2>
<h3>Subsubencabezado</h3>

Párrafos (`<p>`):

La etiqueta **`<p>`** se utiliza para definir un párrafo. Los navegadores automáticamente añaden un espacio vertical antes y después de cada párrafo.

`<p>`Este es un párrafo. Los párrafos se usan para separar bloques de texto.`</p>`

Enlaces (`<a>`):

La etiqueta **`<a>`** se utiliza para crear enlaces. El atributo **href** especifica la URL del destino del enlace.

`<a href="https://www.ejemplo.com">`Visita nuestro sitio web`</a>`

Imágenes (`<img>`):

La etiqueta **`<img>`** se usa para insertar imágenes. El atributo **src** especifica la URL de la imagen y el atributo **alt** proporciona un texto alternativo en caso de que la imagen no se pueda mostrar.

`<img src="imagen.jpg" alt="Descripción de la imagen">`

Listas (`<ul>`, `<ol>`, `<li>`):

· **`<ul>`:**
Crea una lista desordenada (con viñetas).

· **`<ol>`:**
Crea una lista ordenada (numerada).

· **`<li>`:**
Define un elemento en la lista.

```
<ul>
    <li>Elemento 1</li>
    <li>Elemento 2</li>
    <li>Elemento 3</li>
</ul>

<ol>
    <li>Primer elemento</li>
    <li>Segundo elemento</li>
    <li>Tercer elemento</li>
</ol>
```

Este capítulo cubre los aspectos fundamentales de HTML necesarios para que los lectores comiencen a crear sus propias páginas web. Al proporcionar ejemplos claros y una explicación detallada, el contenido se convierte en una base sólida para los capítulos posteriores que abordarán temas más avanzados.

Capítulo 2:
Atributos y Estilos

1- Atributos en HTML

¿Qué son los atributos?

En HTML, los atributos proporcionan información adicional sobre los elementos. Se utilizan dentro de la etiqueta de apertura de un elemento para definir sus características o propiedades. Los atributos siempre se escriben en pares de nombre y valor, por ejemplo, nombre="valor", y afectan el comportamiento o la apariencia de los elementos HTML.

Atributos Comunes: id, class, src, href, alt, title

· id:
Un identificador único para un elemento. Cada **id** en un documento debe ser único. Es útil para la manipulación mediante CSS y JavaScript.

<div id="miDiv">Contenido del div</div>

· class:
Permite clasificar elementos en categorías para aplicar estilos con CSS o para seleccionarlos con JavaScript. A diferencia del **id**, múltiples elementos pueden compartir la misma clase.

<p class="miClase">Este es un párrafo.</p>
<p class="miClase">Este es otro párrafo.</p>

· src:
Especifica la URL de una imagen, vídeo, audio u otro recurso.

<img src="imagen.jpg" alt="Descripción de la imagen">

· href:

Especifica la URL de destino de un enlace.

`<a href="https://www.ejemplo.com">Visita nuestro sitio web</a>`

· alt:

Proporciona texto alternativo para una imagen si no se puede mostrar.

`<img src="imagen.jpg" alt="Descripción de la imagen">`

· title:

Proporciona información adicional sobre un elemento, que generalmente aparece como un tooltip cuando el usuario pasa el cursor sobre el elemento.

`<p title="Información adicional">Este es un párrafo.</p>`

2- Introducción al Estilo con CSS

Relación entre HTML y CSS

CSS (Cascading Style Sheets) es el lenguaje utilizado para describir la presentación de un documento HTML. Mientras que HTML se encarga de la estructura y el contenido, CSS se encarga del estilo y el diseño visual. La separación entre HTML y CSS permite mantener el código organizado y más fácil de mantener.

Cómo Incluir CSS en HTML: En Línea, Interno y Externo

· CSS en Línea:

Se aplica directamente a un elemento HTML mediante el atributo **style**.

`<p style="color: blue; text-align: center;">Este es un párrafo estilizado.</p>`

· CSS Interno:

Se define dentro del documento HTML, en el **<head>**, usando la etiqueta **<style>**.

```html
<html>
<head>
  <style>
    p {
        color: blue;
        text-align: center;
    }
  </style>
</head>
<body>
  <p>Este es un párrafo estilizado.</p>
</body>
</html>
```

· CSS Externo:

Se coloca en un archivo CSS separado y se enlaza al documento HTML mediante la etiqueta **<link>**.

```html
<!-- Archivo HTML -->
<html>
<head>
  <link rel="stylesheet" type="text/css" href="estilos.css">
</head>
<body>
  <p>Este es un párrafo estilizado.</p>
</body>
</html>

<!-- Archivo estilos.css -->
p {
   color: blue;
   text-align: center;
}
```

3- Ejemplos Prácticos

Aplicar Estilos Básicos a un Documento HTML

Supongamos que tenemos el siguiente HTML básico:

```html
<!DOCTYPE html>
<html>
<head>
   <title>Documento Ejemplo</title>
</head>
<body>
   <h1>Encabezado Principal</h1>
   <p>Este es un párrafo de ejemplo.</p>
</body>
</html>
```

Podemos aplicar estilos en línea, internos y externos:

· En Línea:

```html
<p style="color: red;">Este es un párrafo de ejemplo.</p>
```

· Interno:

```html
<head>
   <style>
     p {
        color: red;
     }
   </style>
</head>
```

· Externo (archivo estilos.css):

```css
p {
    color: red;
}
```

Uso de Clases e Identificadores (class e id) para Aplicar Estilos

1- HTML:

```html
<!DOCTYPE html>
<html>
<head>
    <link rel="stylesheet" type="text/css" href="estilos.css">
</head>
<body>
    <h1 id="tituloPrincipal">Encabezado Principal</h1>
    <p class="textoRojo">Este es un párrafo de ejemplo.</p>
    <p class="textoRojo">Este es otro párrafo de ejemplo.</p>
</body>
</html>
```

2- CSS (archivo estilos.css):

```css
#tituloPrincipal {
    color: blue;
    text-align: center;
}

.textoRojo {
    color: red;
}
```

En este ejemplo, el identificador id="tituloPrincipal" se usa para aplicar estilos específicos al encabezado principal, mientras que la clase class="textoRojo" se utiliza para aplicar el mismo estilo a múltiples párrafos.

Capítulo 3:
Estructuración del Contenido

1. Divs y Spans

Diferencias entre <div> y <span>

· **<div>**:
El elemento **<div>** es un contenedor de bloque que se usa para agrupar otros elementos y aplicar estilos o scripts comunes. Por defecto, ocupa todo el ancho disponible y siempre comienza en una nueva línea.

```
<div>
   <h1>Título</h1>
   <p>Este es un párrafo dentro de un div.</p>
</div>
```

· **<span>**:
El elemento **<span>** es un contenedor en línea utilizado para estilizar una parte específica del texto o para agrupar elementos en línea. No inicia en una nueva línea y solo ocupa el ancho necesario.

```
<p>Este es un <span style="color: red;">texto en rojo</span> dentro de un párrafo.</p>
```

Uso de <div> para Estructurar Bloques de Contenido

El elemento **<div>** es extremadamente útil para organizar y estructurar el contenido de una página web. Aquí tienes un ejemplo práctico:

```html
<!DOCTYPE html>
<html>
<head>
   <title>Estructuración con Divs</title>
   <style>
      .header { background-color: #f1f1f1; padding: 20px; text-
align: center; }
      .content { margin: 20px; }
      .footer { background-color: #f1f1f1; padding: 10px; text-align:
center; }
   </style>
</head>
<body>
   <div class="header">
      <h1>Encabezado</h1>
   </div>
   <div class="content">
      <p>Este es el contenido principal.</p>
   </div>
   <div class="footer">
      <p>Pie de página</p>
   </div>
</body>
</html>
```

Uso de <span> para Estilizar Partes de Texto

El elemento **<span>** es útil cuando necesitas aplicar estilos a una parte específica del texto sin interrumpir el flujo del contenido:

```html
<!DOCTYPE html>
<html>
<head>
  <title>Estilización con Spans</title>
  <style>
    .highlight { background-color: yellow; }
  </style>
</head>
<body>
  <p>Este es un párrafo con una <span class="highlight">parte resaltada</span> usando un span.</p>
</body>
</html>
```

2. Tablas en HTML

Estructura de una Tabla: <table>, <tr>, <td>, <th>

Las tablas se utilizan para organizar datos en filas y columnas. Aquí tienes un ejemplo de una tabla básica:

```html
<!DOCTYPE html>
<html>
<head>
  <title>Tablas en HTML</title>
</head>
<body>
  <table border="1">
    <tr>
      <th>Nombre</th>
      <th>Edad</th>
      <th>Ciudad</th>
    </tr>
    <tr>
      <td>Juan</td>
      <td>25</td>
      <td>Madrid</td>
    </tr>
    <tr>
      <td>María</td>
      <td>30</td>
      <td>Barcelona</td>
    </tr>
  </table>
</body>
</html>
```

· **<table>:**
Define el inicio y el fin de una tabla.

· **<tr>:**
Define una fila en la tabla.

· **<td>:**
Define una celda de datos en una fila.

· **<th>:**
Define una celda de encabezado en una fila.

Atributos y Propiedades de las Tablas

Los atributos y propiedades de las tablas ayudan a controlar su apariencia y comportamiento:

· border:
Define el borde de la tabla

```
<table border="1">
```

· cellpadding:
Define el espacio interior de las celdas.

```
<table cellpadding="10">
```

· cellspacing:
Define el espacio entre las celdas.

```
<table cellspacing="5">
```

· colspan:
Hace que una celda se extienda a través de múltiples columnas.

```
<td colspan="2">Celda extendida</td>
```

· rowspan:
Hace que una celda se extienda a través de múltiples filas.

```
<td rowspan="2">Celda extendida</td>
```

3. Formularios en HTML

Elementos Básicos de un Formulario: <form>, <input>, <textarea>, <button>, <select>

Los formularios son esenciales para recolectar datos del usuario. Aquí tienes un ejemplo de un formulario básico:

```html
<!DOCTYPE html>
<html>
<head>
  <title>Formularios en HTML</title>
</head>
<body>
  <form action="/submit" method="post">
    <label for="nombre">Nombre:</label>
    <input type="text" id="nombre" name="nombre"><br><br>
    <label for="mensaje">Mensaje:</label>
    <textarea id="mensaje" name="mensaje"></textarea><br><br>
    <button type="submit">Enviar</button>
  </form>
</body>
</html>
```

· **<form>:**
Define el formulario y sus atributos **action** (la URL a la que se envían los datos) y **method** (el método de envío, como **GET** o **POST**).

· **<input>:**
Define un campo de entrada. Puede tener diferentes tipos, como **text, password, submit, radio, checkbox**, etc.

27

• <textarea>:
Define un área de texto de múltiples líneas.

• <button>:
Define un botón que, por defecto, envía el formulario.

• <select>:
Define un menú desplegable.

Validación Básica de Formularios

La validación de formularios asegura que los datos ingresados por los usuarios sean correctos antes de ser enviados. HTML5 ofrece varias formas de validar datos sin necesidad de JavaScript:

• required:
Asegura que el campo no esté vacío.

```
<input type="text" name="nombre" required>
```

• type="email":
Verifica que el campo contenga una dirección de correo electrónico válida.

```
<input type="email" name="correo">
```

• pattern:
Usa una expresión regular para validar el formato del campo.

```
<input type="text" name="codigo" pattern="[A-Za-z0-9]{5}">
```

• min, max:
Define los valores mínimo y máximo para campos numéricos.

```
<input type="number" name="edad" min="18" max="99">
```

Capítulo 4:
Multimedia y HTML5

1. Incorporación de Audio y Video

Etiquetas de HTML5 para Multimedia: <audio>, <video>

HTML5 ha introducido nuevas etiquetas para manejar multimedia de manera más eficiente, sin necesidad de complementos externos como Flash.

Audio

La etiqueta **<audio>** permite la reproducción de archivos de audio directamente en la página web. Aquí tienes un ejemplo de cómo usarla:

```html
<!DOCTYPE html>
<html>
<head>
  <title>Audio en HTML5</title>
</head>
<body>
  <h2>Reproductor de Audio</h2>
  <audio controls>
    <source src="audio/ejemplo.mp3" type="audio/mpeg">
    Tu navegador no soporta la etiqueta de audio.
  </audio>
</body>
</html>
```

Video

La etiqueta **<video>** permite la reproducción de archivos de video:

```
<!DOCTYPE html>
<html>
<head>
   <title>Video en HTML5</title>
</head>
<body>
   <h2>Reproductor de Video</h2>
   <video width="320" height="240" controls>
      <source src="video/ejemplo.mp4" type="video/mp4">
      Tu navegador no soporta la etiqueta de video.
   </video>
</body>
</html>
```

Atributos y Control de Reproducción

Tanto **<audio>** como **<video>** soportan varios atributos que controlan la reproducción:

· controls:
Muestra los controles de reproducción (play, pause, volume).

· autoplay:
Inicia la reproducción automáticamente.

· loop:
Reproduce el contenido en bucle.

· muted:
Inicia el contenido en silencio.

Ejemplo de un video con varios atributos:

```
<video width="320" height="240" controls autoplay loop muted>
   <source src="video/ejemplo.mp4" type="video/mp4">
   Tu navegador no soporta la etiqueta de video.
</video>
```

2. Gráficos y Animaciones

Uso de <canvas> para Gráficos

El elemento **<canvas>** permite dibujar gráficos dinámicos mediante JavaScript. Es útil para crear gráficos, juegos y otros contenidos visuales interactivos.

```
<!DOCTYPE html>
<html>
<head>
   <title>Canvas en HTML5</title>
   <script>
     function dibujar() {
        var canvas = document.getElementById('miCanvas');
        var contexto = canvas.getContext('2d');
        contexto.fillStyle = '#FF0000';
        contexto.fillRect(10, 10, 150, 100);
     }
   </script>
</head>
<body onload="dibujar();">
   <h2>Dibujo con Canvas</h2>
   <canvas id="miCanvas" width="200" height="150"></canvas>
</body>
</html>
```

ntegración de SVG (Scalable Vector Graphics)

SVG permite definir gráficos vectoriales que son escalables sin perder calidad. Se utiliza ampliamente para logotipos, iconos y gráficos en la web.

```
<!DOCTYPE html>
<html>
<head>
   <title>SVG en HTML5</title>
</head>
<body>
   <h2>Gráfico SVG</h2>
   <svg width="100" height="100">
      <circle cx="50" cy="50" r="40" stroke="black" stroke-width="3" fill="red" />
   </svg>
</body>
</html>
```

3. Elementos Semánticos de HTML5

Importancia de la Semántica en HTML5

La semántica en HTML5 mejora la accesibilidad, SEO y la comprensión del contenido por parte de los navegadores y desarrolladores. Utilizar etiquetas semánticas hace que el código sea más legible y estructurado.

Elementos Semánticos: <header>, <footer>, <article>, <section>, <aside>, <nav>

· **<header>**
Se utiliza para definir la cabecera de un documento o una sección:

```
<header>
    <h1>Bienvenidos a Mi Sitio Web</h1>
    <nav>
      <ul>
        <li><a href="#home">Inicio</a></li>
        <li><a href="#about">Acerca de</a></li>
        <li><a href="#contact">Contacto</a></li>
      </ul>
    </nav>
</header>
```

- **<footer>**

Define el pie de página de un documento o sección:

```
<footer>
    <p>&copy; 2024 Mi Sitio Web. Todos los derechos
reservados.</p>
</footer>
```

- **<article>**

Representa una pieza autónoma de contenido, como una entrada de blog o un artículo de noticias:

```
<article>
    <h2>Primer Artículo</h2>
    <p>Este es el contenido del primer artículo.</p>
</article>
```

- **<section>**

Define una sección temática en un documento:

```
<section>
    <h2>Sección 1</h2>
    <p>Contenido de la primera sección.</p>
</section>
```

· <aside>

Contiene contenido que es tangencialmente relacionado al contenido
principal, como una barra lateral:

```
<aside>
    <h2>Información Adicional</h2>
    <p>Este es contenido adicional relevante.</p>
</aside>
```

· <nav>

Define un conjunto de enlaces de navegación:

```
<nav>
    <ul>
        <li><a href="#home">Inicio</a></li>
        <li><a href="#about">Acerca de</a></li>
        <li><a href="#contact">Contacto</a></li>
    </ul>
</nav>
```

Capítulo 5:
Buenas Prácticas y Accesibilidad

1. Escribir Código Limpio y Estructurado

Importancia de la Legibilidad y Mantenibilidad del Código

Escribir código limpio y estructurado es crucial para el desarrollo web profesional. Un código legible y bien organizado facilita la colaboración entre desarrolladores, el mantenimiento del proyecto y la detección de errores. Algunos beneficios de mantener un código limpio incluyen:

· Facilidad de lectura y comprensión:
Los desarrolladores pueden entender rápidamente la lógica y estructura del código.

· Mantenibilidad:
El código bien organizado es más fácil de actualizar y modificar.

· Prevención de errores:
Un código claro ayuda a identificar y corregir errores más fácilmente.

· Eficiencia:
Reduce el tiempo necesario para la revisión y el mantenimiento del código.

Convenciones de Nomenclatura y Formateo

Adoptar convenciones de nomenclatura y formateo ayuda a mantener la coherencia en el código. Algunas prácticas recomendadas incluyen:

· Uso de nombres descriptivos:
Utilizar nombres claros y descriptivos para las clases, identificadores y variables.

· Indentación consistente:
Mantener una indentación consistente (usualmente 2 o 4 espacios) para mejorar la legibilidad.

· Uso de comentarios:
Incluir comentarios para explicar secciones de código complejas o importantes.

· Estructura de etiquetas:
Asegurarse de que las etiquetas HTML estén correctamente anidadas y cerradas.

Ejemplo de un fragmento de código limpio y estructurado:

```html
<!DOCTYPE html>
<html lang="es">
<head>
  <meta charset="UTF-8">
  <title>Ejemplo de Código Limpio</title>
  <link rel="stylesheet" href="styles.css">
</head>
<body>
  <header>
    <h1>Bienvenidos a Mi Sitio Web</h1>
    <nav>
      <ul>
        <li><a href="#inicio">Inicio</a></li>
        <li><a href="#acerca">Acerca de</a></li>
        <li><a href="#contacto">Contacto</a></li>
      </ul>
    </nav>
  </header>
  <main>
    <section id="inicio">
      <h2>Inicio</h2>
      <p>Contenido de la sección de inicio.</p>
    </section>
    <section id="acerca">
      <h2>Acerca de</h2>
      <p>Información sobre nosotros.</p>
    </section>
  </main>
  <footer>
    <p>&copy; 2024 Mi Sitio Web. Todos los derechos
reservados.</p>
  </footer>
</body>
</html>
```

2. Accesibilidad en la Web

Principios de Accesibilidad

La accesibilidad web es crucial para asegurar que todas las personas, incluidas aquellas con discapacidades, puedan utilizar y beneficiarse de los contenidos y servicios en línea. La accesibilidad no solo es un aspecto ético y legal, sino también práctico, ya que mejora la experiencia del usuario y amplía el alcance del contenido. Algunos principios de accesibilidad incluyen:

· Perceptible:
El contenido debe ser presentado de manera que los usuarios puedan percibirlo, ya sea visualmente, audiblemente o mediante dispositivos asistivos. Esto incluye proporcionar alternativas textuales para contenido no textual, como imágenes y videos.

· Operable:
Los componentes de la interfaz de usuario y la navegación deben ser operables por cualquier persona, independientemente de sus habilidades. Esto implica diseñar interfaces que puedan ser manejadas mediante teclado y ofrecer suficiente tiempo para interactuar con los contenidos.

· Comprensible:
La información y el funcionamiento de la interfaz de usuario deben ser comprensibles. Esto se logra mediante el uso de un lenguaje claro y simple, así como la consistencia en la navegación y los elementos de la interfaz.

· Robusto:
El contenido debe ser lo suficientemente robusto como para ser interpretado de manera confiable por una amplia variedad de agentes de usuario, incluidos los dispositivos asistivos.

Uso de Etiquetas y Atributos Accesibles: aria-*, <label>, <alt>

Para mejorar la accesibilidad, se pueden utilizar varias etiquetas y atributos:

· aria-*:
Los atributos ARIA (Accessible Rich Internet Applications) proporcionan información adicional a los dispositivos asistivos sobre la funcionalidad de los elementos. Por ejemplo, **aria-label** añade una etiqueta a un elemento que puede no tener una etiqueta visible.

<button aria-label="Cerrar">X</button>

· <label>:
Asocia etiquetas de texto con controles de formulario, mejorando la usabilidad para usuarios de lectores de pantalla. Es esencial usar la etiqueta **<label>** para describir los elementos de entrada en un formulario.

<label for="nombre">Nombre:</label>
<input type="text" id="nombre" name="nombre">

· <alt>:
Proporciona descripciones alternativas para imágenes, cruciales para usuarios con discapacidad visual. El atributo **alt** es utilizado en la etiqueta **<img>** para describir el contenido de la imagen.

<img src="imagen.jpg" alt="Descripción de la imagen">

3. SEO Básico

Introducción al SEO (Search Engine Optimization)

El SEO, o Search Engine Optimization (Optimización para Motores de Búsqueda), es el conjunto de técnicas y estrategias utilizadas para mejorar la visibilidad y el posicionamiento de un sitio web en los resultados orgánicos de los motores de búsqueda como Google, Bing y Yahoo. El objetivo principal del SEO es aumentar el tráfico orgánico (no pagado) hacia un sitio web, mejorando su clasificación en los resultados de búsqueda para palabras clave relevantes.

Importancia del SEO
El SEO es fundamental en el marketing digital por varias razones:

1- Aumento del tráfico orgánico:
Los usuarios tienden a hacer clic en los primeros resultados de búsqueda, por lo que un mejor posicionamiento puede generar más visitas al sitio.

2- Credibilidad y confianza:
Aparecer en las primeras posiciones de búsqueda otorga credibilidad y confianza a los usuarios.

3- Rentabilidad:
A diferencia del tráfico pagado, el tráfico orgánico no requiere un costo directo por clic, lo que lo convierte en una inversión a largo plazo más rentable.

4- Experiencia del usuario:
Muchas prácticas de SEO mejoran la usabilidad y la experiencia general del usuario en un sitio web.

Cómo Funcionan los Motores de Búsqueda

Los motores de búsqueda utilizan algoritmos complejos para indexar y clasificar los sitios web. Aunque los detalles exactos de estos algoritmos no se divulgan, algunos factores clave incluyen:

· Rastreo (Crawling):

Los motores de búsqueda utilizan bots (también llamados arañas o crawlers) para explorar la web, siguiendo enlaces y recopilando datos sobre las páginas.

· Indexación (Indexing):

La información recopilada por los bots se almacena en una base de datos gigante llamada índice. Este índice se utiliza para recuperar información cuando un usuario realiza una búsqueda.

· Clasificación (Ranking):

Cuando un usuario realiza una búsqueda, el motor de búsqueda clasifica las páginas en su índice según su relevancia y calidad, mostrando los resultados más pertinentes primero.

SEO On-Page

El SEO On-Page se refiere a las prácticas que se aplican directamente en el sitio web para mejorar su visibilidad y relevancia. Algunos aspectos clave incluyen:

· Palabras clave:

La investigación y el uso adecuado de palabras clave relevantes en el contenido, títulos, meta descripciones y etiquetas.

· Contenido de calidad:

Crear contenido original, relevante y útil que responda a las preguntas de los usuarios.

· Etiquetas HTML:

Uso correcto de etiquetas como **<title>, <meta>, <header>, <h1>, <h2>**, etc., para estructurar el contenido.

· Optimización de imágenes:

Utilizar descripciones alternativas (alt) y tamaños de archivo adecuados para mejorar la carga y la accesibilidad.

· Velocidad de carga:

Optimizar el tiempo de carga del sitio web mediante técnicas como la compresión de archivos, el uso de caché y la optimización de imágenes.

· Mobile-Friendly:

Asegurarse de que el sitio web sea compatible con dispositivos móviles y tenga un diseño responsivo.

SEO Off-Page

El SEO Off-Page se refiere a las actividades realizadas fuera del sitio web para mejorar su autoridad y relevancia. Algunos aspectos clave incluyen:

· Backlinks:

Obtener enlaces de alta calidad desde otros sitios web relevantes. Los motores de búsqueda consideran los backlinks como votos de confianza hacia tu sitio.

· Presencia en redes sociales:

Participar activamente en redes sociales para aumentar la visibilidad y atraer tráfico.

· Marketing de contenidos:

Crear y distribuir contenido valioso en otras plataformas para atraer enlaces y tráfico hacia tu sitio.

· Autoridad del dominio:

La autoridad de tu dominio, determinada por factores como la antigüedad del dominio, la cantidad y calidad de los backlinks y la presencia en línea, influye en tu clasificación.

Estrategias y Técnicas de SEO

Para implementar un SEO efectivo, es esencial seguir una serie de estrategias y técnicas:

1- Investigación de palabras clave:

Utilizar herramientas de investigación de palabras clave para identificar términos y frases que los usuarios buscan en relación con tu contenido. Integrar estas palabras clave de manera natural en tu contenido.

2- Optimización del contenido:

Crear contenido relevante y de alta calidad que incluya las palabras clave identificadas. Asegurarse de que el contenido sea original y proporcione valor a los usuarios.

3- Optimización técnica:

Mejorar los aspectos técnicos del sitio web, como la velocidad de carga, la estructura del sitio, las URL amigables, y la implementación de un diseño responsivo.

4- Construcción de enlaces:

Establecer una estrategia para obtener backlinks de alta calidad. Esto puede incluir la creación de contenido que otros sitios quieran enlazar, la participación en blogs invitados y la colaboración con influencers.

5- Monitoreo y análisis:

Utilizar herramientas de análisis web como Google Analytics y Google Search Console para monitorear el rendimiento del sitio y ajustar las estrategias según sea necesario.

Herramientas de SEO

Existen numerosas herramientas que pueden ayudar a implementar y gestionar estrategias de SEO:

· Google Analytics:

Proporciona datos detallados sobre el tráfico del sitio web y el comportamiento de los usuarios.

· Google Search Console:

Ayuda a monitorear y mantener la presencia del sitio web en los resultados de búsqueda de Google.

· SEMrush:

Ofrece análisis de palabras clave, auditorías del sitio, y seguimiento de la posición en los motores de búsqueda.

· Ahrefs:

Una herramienta poderosa para la investigación de backlinks y el análisis de la competencia.

· Moz:

Ofrece herramientas para la investigación de palabras clave, análisis de enlaces y auditorías del sitio.

Ejemplos de SEO en la Práctica

1- Caso de una Tienda Online:
Una tienda online de ropa podría utilizar SEO para mejorar su clasificación en resultados de búsqueda para términos como "comprar vestidos online" o "tienda de moda femenina". Esto podría implicar la creación de contenido optimizado sobre las últimas tendencias de moda, guías de estilo y descripciones detalladas de productos, además de obtener backlinks de blogs de moda influyentes.

2- Blog Personal:
Un blog personal sobre viajes podría mejorar su SEO al publicar contenido de alta calidad sobre destinos populares, consejos de viaje y reseñas de hoteles. Utilizar palabras clave relevantes como "mejores lugares para visitar en Europa" y asegurarse de que las imágenes y videos estén optimizados para la web.

3- Sitio Web Corporativo:
Una empresa de servicios financieros podría implementar estrategias de SEO para aparecer en búsquedas relacionadas con "asesoramiento financiero" o "planes de inversión". Esto incluiría la creación de contenido informativo sobre gestión financiera, optimización del sitio para la velocidad y la accesibilidad, y la obtención de enlaces de otros sitios financieros de confianza.

Buenas Prácticas de HTML para SEO

· Etiquetas de título (<title>) y encabezados (<h1> - <h6>):
Utilizar títulos descriptivos y encabezados jerárquicos para estructurar el contenido. La etiqueta **<title>** es crucial para el SEO, ya que define el título del documento que aparece en los resultados de búsqueda. Los encabezados **<h1>** a **<h6>** ayudan a organizar el contenido y son importantes para la usabilidad y el SEO.

```
<title>Guía Completa de HTML</title>
<h1>Fundamentos de HTML</h1>
<h2>¿Qué es HTML?</h2>
```

· Meta descripciones:
Proporcionar descripciones claras y concisas para las páginas. Las meta descripciones ayudan a los motores de búsqueda a entender el contenido de la página y pueden influir en la tasa de clics (CTR) en los resultados de búsqueda.

```
<meta name="description" content="Aprende todo sobre HTML, desde lo básico hasta técnicas avanzadas.">
```

· URLs amigables:
Usar URLs descriptivas y limpias. Las URLs amigables mejoran la experiencia del usuario y pueden ayudar a los motores de búsqueda a entender mejor el contenido de la página.

```
<a href="guia-html/fundamentos">Fundamentos de HTML</a>
```

· Atributos alt en imágenes:
Asegurar que todas las imágenes tengan descripciones alternativas. El atributo **alt** no solo mejora la accesibilidad, sino que también permite a los motores de búsqueda indexar las imágenes.

```
<img src="logo.png" alt="Logotipo de la empresa">
```

· Enlaces internos y externos:

Incluir enlaces a otras páginas relevantes tanto dentro como fuera del sitio web. Los enlaces internos ayudan a los usuarios y a los motores de búsqueda a navegar el sitio, mientras que los enlaces externos pueden mejorar la autoridad del sitio.

```html
<a href="guia-html/avanzado">Técnicas Avanzadas de HTML</a>
<a href="https://www.example.com">Visita nuestro blog para más información</a>
```

· Contenido de calidad:

Crear contenido original, relevante y de alta calidad que responda a las preguntas e intereses de los usuarios. Los motores de búsqueda valoran el contenido que proporciona valor a los usuarios y es compartido ampliamente.

· Uso de etiquetas strong y em:

Para destacar y enfatizar el texto importante. Las etiquetas **\<strong\>** y **\<em\>** ayudan a los motores de búsqueda a entender qué partes del contenido son más importantes.

```html
<p>Es <strong>importante</strong> aprender HTML para el desarrollo web.</p>
<p>HTML es <em>esencial</em> para crear sitios web.</p>
```

· Optimización de la velocidad de carga:

La velocidad de carga de una página es un factor importante para el SEO. Los motores de búsqueda prefieren sitios que cargan rápidamente. Optimizar las imágenes, minimizar el uso de scripts y utilizar técnicas de almacenamiento en caché puede mejorar significativamente la velocidad de carga.

Capítulo 6:
Herramientas y Recursos

1- Editores de Código

Los editores de código son herramientas fundamentales para los desarrolladores web. Un buen editor facilita la escritura, revisión y depuración del código HTML y otros lenguajes relacionados. A continuación, se presenta una comparación de algunos de los editores de texto y entornos de desarrollo más populares.

Comparación de Editores de Texto y Entornos de Desarrollo

VS Code (Visual Studio Code)

· Desarrollador:

Microsoft

· Características:

- · Soporte para múltiples lenguajes (HTML, CSS, JavaScript, etc.)
- · Integración con Git para control de versiones.
- · Extensiones y plugins para funcionalidades adicionales
- · Autocompletado inteligente y sugerencias de código.
- · Depurador integrado.
- · Terminal integrada.

· Ventajas:

- · Gratuito y de código abierto.
- · Comunidad activa y gran cantidad de extensiones.
- · Altamente personalizable.

· Desventajas:

- · Puede ser pesado para computadoras con recursos limitados.

Sublime Text

· Desarrollador:

Sublime HQ

· Características:

· Soporte para múltiples lenguajes.

· Alta velocidad y rendimiento.

· Funciones de edición avanzadas como selección múltiple
y edición dividida.

· Extensiones y paquetes adicionales.

· Ventajas:

·Interfaz limpia y minimalista.

· Rápido y ligero.

· Funciones de búsqueda y reemplazo avanzadas.

· Desventajas:

· Es de pago, aunque ofrece una versión de prueba indefinida.

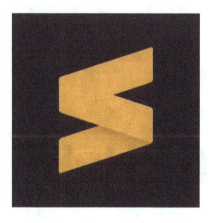

Atom

· Desarrollador:

GitHub (ahora propiedad de Microsoft)

· Características:

- · Soporte para múltiples lenguajes.
- · Alta personalización con temas y plugins.
- · Integración con Git y GitHub.
- · Autocompletado de código.
- · Edición colaborativa en tiempo real

· Ventajas:

- · Gratuito y de código abierto.
- · Amplia gama de plugins y paquetes.
- · Fácil de usar y personalizar.

· Desventajas:

- · Puede ser más lento en comparación con otros editores.

2- Herramientas de Depuración

Depurar el código HTML y otros lenguajes relacionados es esencial para garantizar que un sitio web funcione correctamente. Existen varias herramientas de depuración que pueden ayudar a identificar y corregir errores.

Uso de Herramientas de Desarrollo en Navegadores

Chrome DevTools

· Acceso:
Presionando **F12** o **Ctrl+Shift+I** en Google Chrome.

· Características:
   · Elements:
   Inspección y edición en tiempo real del HTML y CSS.
   · Console:
   Ejecución de comandos de JavaScript y visualización de errores.
   · Sources:
   Depuración de JavaScript y puntos de interrupción.
   · Network:
   Análisis de las solicitudes de red y rendimiento del sitio.
   · Performance:
   Monitoreo y análisis del rendimiento del sitio web.
   · Application:
   Gestión de almacenamiento web como cookies y LocalStorage.

· Ventajas:
   · Integrado en el navegador, no requiere instalación adicional.
   · Potente y completo conjunto de herramientas.
   · Amplia documentación y recursos en línea.

· Desventajas:
   · Puede ser complejo para principiantes.

Validadores de HTML

Los validadores de HTML son herramientas que analizan el código HTML para asegurarse de que sigue las especificaciones y estándares establecidos por el W3C.

W3C Markup Validation Service:

· Acceso:

validator.w3.org

· Características:

    · Validación de HTML y XHTML.

    · Informe de errores y advertencias.

    · Sugerencias para corregir el código.

· Ventajas:

    · Gratuito y accesible en línea.

    · Compatible con múltiples versiones de HTML.

· Desventajas:

    · No proporciona soluciones automáticas para errores.

3- Recursos Adicionales

Además de las herramientas mencionadas, existen numerosos recursos en línea que pueden ayudar a los desarrolladores a mejorar sus habilidades y resolver problemas.

Documentación y Tutoriales en Línea

MDN Web Docs:

· Descripción:
Una extensa referencia y guía de aprendizaje para HTML, CSS, JavaScript y otras tecnologías web.

· Acceso:
- developer.mozilla.org

· Ventajas:
- Amplia y detallada documentación.
- Ejemplos y tutoriales prácticos.
- Mantenido por Mozilla y actualizado regularmente.

W3Schools:

· Descripción:
Un sitio web educativo que ofrece tutoriales y referencias para HTML, CSS, JavaScript y otros lenguajes web.

· Acceso:
- w3schools.com

· Ventajas:
- Fácil de seguir para principiantes.
- Ejemplos interactivos y ejercicios.
- Cobertura amplia de temas.

Comunidades y Foros de Desarrollo Web

Stack Overflow:

· Descripción:

Una comunidad en línea donde los desarrolladores pueden hacer preguntas y compartir conocimientos sobre programación y desarrollo web.

· Acceso:
- · stackoverflow.com

· Ventajas:
- · Gran base de datos de preguntas y respuestas.
- · Participación activa de profesionales experimentados.
- · Rápida respuesta a preguntas técnicas.

GitHub

· Descripción:

Una plataforma de desarrollo colaborativo donde los desarrolladores pueden alojar y revisar código, gestionar proyectos y construir software junto con otros desarrolladores.

· Acceso:
- · github.com

· Ventajas:
- · Repositorios de código abiertos y privados.
- · Herramientas de gestión de proyectos y control de versiones.
- · Colaboración en equipo y contribución a proyectos de código abierto.

Reddit (subreddits como r/webdev y r/frontend):

· Descripción:
Foros de discusión en línea donde los desarrolladores pueden compartir noticias, recursos, y discutir sobre temas de desarrollo web.

· Acceso:
  · reddit.com/r/webdev y reddit.com/r/frontend

· Ventajas:
  · Comunidades activas y participativas.
  · Compartición de recursos y experiencias.
  · Discusiones sobre tendencias y mejores prácticas.

El dominio de las herramientas y recursos adecuados es esencial para cualquier desarrollador web que desee crear sitios web efectivos y eficientes. Desde elegir el editor de código correcto hasta utilizar herramientas de depuración y validación, y participar en comunidades y foros en línea, cada paso contribuye al crecimiento y mejora continua de tus habilidades como desarrollador. Aprovechar estos recursos no solo facilita el proceso de desarrollo, sino que también te conecta con una red global de profesionales y entusiastas que comparten tu pasión por la web.

Capítulo 7:
Proyectos Prácticos

1- Proyecto 1: Página Personal

En este proyecto, aprenderás a crear una página personal simple que incluya enlaces, imágenes y estilos básicos. Este es un excelente punto de partida para principiantes, ya que te permitirá familiarizarte con los elementos fundamentales de HTML y CSS.

Crear una Página Personal Simple con Enlaces, Imágenes y Estilos Básicos

- **Paso 1: Estructura HTML Básica**

  - Crea un nuevo archivo HTML llamado **index.html**.
  - Escribe la estructura básica del documento:

```html
<!DOCTYPE html>
<html lang="es">
<head>
  <meta charset="UTF-8">
  <meta name="viewport" content="width=device-width, initial-scale=1.0">
  <title>Mi Página Personal</title>
  <link rel="stylesheet" href="styles.css">
</head>
```

(continua codigo)

```html
<body>
  <header>
    <h1>Bienvenidos a Mi Página Personal</h1>
  </header>
  <nav>
    <ul>
      <li><a href="#sobre-mi">Sobre Mí</a></li>
      <li><a href="#mis-intereses">Mis Intereses</a></li>
      <li><a href="#contacto">Contacto</a></li>
    </ul>
  </nav>
  <section id="sobre-mi">
    <h2>Sobre Mí</h2>
    <p>¡Hola! Soy [Tu Nombre], un apasionado por la tecnología
y el desarrollo web.</p>
    <img src="mi-foto.jpg" alt="Foto de [Tu Nombre]">
  </section>
  <section id="mis-intereses">
    <h2>Mis Intereses</h2>
    <p>Me encanta la programación, la lectura y viajar por el
mundo.</p>
  </section>
  <footer id="contacto">
    <h2>Contacto</h2>
    <p>Puedes contactarme a través de mi <a
href="mailto:tuemail@example.com">correo electrónico</a>.</p>
  </footer>
</body>
</html>
```

Paso 2: Añadir Estilos Básicos

Crea un archivo CSS llamado **styles.css** y añade algunos estilos básicos:

```css
body {
    font-family: Arial, sans-serif;
    line-height: 1.6;
    margin: 0;
    padding: 0;
    background-color: #f4f4f4;
}

header, nav, section, footer {
    margin: 20px auto;
    padding: 20px;
    max-width: 800px;
    background-color: #fff;
    box-shadow: 0 0 10px rgba(0, 0, 0, 0.1);
}

header {
    text-align: center;
    background-color: #282c34;
    color: white;
}

nav ul {
    display: flex;
    justify-content: center;
    list-style: none;
    padding: 0;
}
```

(Continua codigo)

```css
nav ul li {
    margin: 0 15px;
}

nav ul li a {
    text-decoration: none;
    color: #282c34;
}

section h2 {
    color: #282c34;
}

footer {
    text-align: center;
}
```

Paso 3: Personalizar el Contenido y Estilos

Personaliza el contenido y los estilos según tus preferencias, añadiendo tus propios textos, imágenes y enlaces.

2- Proyecto 2: Blog Simple

Este proyecto te enseñará a estructurar un blog simple que incluya artículos, imágenes y un formulario de contacto. Esto te permitirá comprender cómo organizar y presentar contenido dinámico.

Estructurar un Blog con Artículos, Imágenes y un Formulario de Contacto

Paso 1: Estructura HTML del Blog

· Crea un nuevo archivo HTML llamado **blog.html**.
· Escribe la estructura básica del documento:

```html
<!DOCTYPE html>
<html lang="es">
<head>
  <meta charset="UTF-8">
  <meta name="viewport" content="width=device-width, initial-scale=1.0">
  <title>Mi Blog</title>
  <link rel="stylesheet" href="blog-styles.css">
</head>
<body>
  <header>
    <h1>Bienvenidos a Mi Blog</h1>
  </header>
  <nav>
    <ul>
      <li><a href="#articulos">Artículos</a></li>
      <li><a href="#contacto">Contacto</a></li>
    </ul>
  </nav>
```

(Continua codigo)

```html
<section id="articulos">
    <h2>Artículos Recientes</h2>
    <article>
        <h3>Título del Artículo 1</h3>
        <p>Este es un resumen del primer artículo. <a
href="articulo1.html">Leer más...</a></p>
        <img src="articulo1.jpg" alt="Imagen del Artículo 1">
    </article>
    <article>
        <h3>Título del Artículo 2</h3>
        <p>Este es un resumen del segundo artículo. <a
href="articulo2.html">Leer más...</a></p>
        <img src="articulo2.jpg" alt="Imagen del Artículo 2">
    </article>
</section>
<footer id="contacto">
    <h2>Contacto</h2>
    <form action="submit-form.php" method="post">
        <label for="nombre">Nombre:</label>
        <input type="text" id="nombre" name="nombre">
        <label for="email">Email:</label>
        <input type="email" id="email" name="email">
        <label for="mensaje">Mensaje:</label>
        <textarea id="mensaje" name="mensaje"></textarea>
        <button type="submit">Enviar</button>
    </form>
</footer>
</body>
</html>
```

Paso 2: Añadir Estilos para el Blog

Crea un archivo CSS llamado blog-styles.css y añade algunos estilos básicos:

```css
body {
    font-family: Arial, sans-serif;
    line-height: 1.6;
    margin: 0;
    padding: 0;
    background-color: #f4f4f4;
}

header, nav, section, footer {
    margin: 20px auto;
    padding: 20px;
    max-width: 800px;
    background-color: #fff;
    box-shadow: 0 0 10px rgba(0, 0, 0, 0.1);
}

header {
    text-align: center;
    background-color: #282c34;
    color: white;
}

nav ul {
    display: flex;
    justify-content: center;
    list-style: none;
    padding: 0;
}

nav ul li {
    margin: 0 15px;
}
```

(Continua codigo)

```css
nav ul li a {
    text-decoration: none;
    color: #282c34;
}

section h2 {
    color: #282c34;
}

article {
    margin-bottom: 20px;
}

article img {
    max-width: 100%;
    height: auto;
}

footer {
    text-align: center;
}

form {
    display: flex;
    flex-direction: column;
}

form label {
    margin-top: 10px;
}

form input, form textarea {
    padding: 10px;
    margin-top: 5px;
    border: 1px solid #ccc;
    border-radius: 5px;
}
```

Paso 3: Personalizar el Contenido y Estilos

Personaliza el contenido y los estilos según tus preferencias, añadiendo tus propios artículos, imágenes y ajustando los estilos del formulario de contacto.

3- Proyecto 3: Portafolio de Proyectos

En este proyecto, crearás un portafolio donde podrás mostrar tus trabajos y proyectos. Este proyecto te permitirá aplicar todos los conocimientos adquiridos y presentar tu trabajo de manera profesional.

Crear un Portafolio con Galerías de Imágenes, Descripciones de Proyectos y Enlaces Externos

Paso 1: Estructura HTML del Portafolio

· Crea un nuevo archivo HTML llamado **portafolio.html**.
· Escribe la estructura básica del documento:

```html
<!DOCTYPE html>
<html lang="es">
<head>
   <meta charset="UTF-8">
   <meta name="viewport" content="width=device-width, initial-scale=1.0">
   <title>Mi Portafolio</title>
   <link rel="stylesheet" href="portafolio-styles.css">
</head>
<body>
   <header>
     <h1>Mi Portafolio</h1>
   </header>
   <nav>
     <ul>
       <li><a href="#proyectos">Proyectos</a></li>
       <li><a href="#sobre-mi">Sobre Mí</a></li>
       <li><a href="#contacto">Contacto</a></li>
     </ul>
   </nav>
```

(Continua codigo)

65

```html
<section id="proyectos">
    <h2>Proyectos Destacados</h2>
    <div class="proyecto">
        <h3>Proyecto 1</h3>
        <p>Descripción del proyecto 1.</p>
        <img src="proyecto1.jpg" alt="Imagen del Proyecto 1">
        <a href="https://enlace-al-proyecto1.com"
target="_blank">Ver Proyecto</a>
    </div>
    <div class="proyecto">
        <h3>Proyecto 2</h3>
        <p>Descripción del proyecto 2.</p>
        <img src="proyecto2.jpg" alt="Imagen del Proyecto 2">
        <a href="https://enlace-al-proyecto2.com"
target="_blank">Ver Proyecto</a>
    </div>
</section>
<section id="sobre-mi">
    <h2>Sobre Mí</h2>
    <p>Información sobre tu experiencia y habilidades.</p>
</section>
<footer id="contacto">
    <h2>Contacto</h2>
    <form action="submit-form.php" method="post">
        <label for="nombre">Nombre:</label>
        <input type="text" id="nombre" name="nombre">
        <label for="email">Email:</label>
        <input type="email" id="email" name="email">
        <label for="mensaje">Mensaje:</label>
        <textarea id="mensaje" name="mensaje"></textarea>
        <button type="submit">Enviar</button>
    </form>
</footer>
</body>
</html>
```

Paso 2: Añadir Estilos para el Portafolio

Crea un archivo CSS llamado **portafolio-styles.css** y añade algunos estilos básicos:

```css
body {
    font-family: Arial, sans-serif;
    line-height: 1.6;
    margin: 0;
    padding: 0;
    background-color: #f4f4f4;
}

header, nav, section, footer {
    margin: 20px auto;
    padding: 20px;
    max-width: 800px;
    background-color: #fff;
    box-shadow: 0 0 10px rgba(0, 0, 0, 0.1);
}

header {
    text-align: center;
    background-color: #282c34;
    color: white;
}

nav ul {
    display: flex;
    justify-content: center;
    list-style: none;
    padding: 0;
}
```

Continua codigo)

67

```css
nav ul li {
    margin: 0 15px;
}

nav ul li a {
    text-decoration: none;
    color: #282c34;
}

section h2 {
    color: #282c34;
}

.proyecto {
    margin-bottom: 20px;
}

.proyecto img {
    max-width: 100%;
    height: auto;
}

footer {
    text-align: center;
}

form {
    display: flex;
    flex-direction: column;
}

form label {
    margin-top: 10px;
}
```

(Continua codigo)

```css
form input, form textarea {
    padding: 10px;
    margin-top: 5px;
    border: 1px solid #ccc;
    border-radius: 5px;
}
```

Paso 3: Personalizar el Contenido y Estilos

Personaliza el contenido y los estilos según tus preferencias, añadiendo tus propios proyectos, descripciones y ajustando los estilos del formulario de contacto

Los proyectos prácticos te permiten aplicar los conocimientos adquiridos de manera tangible y ver los resultados de tu aprendizaje en acción. Desde una página personal simple hasta un blog y un portafolio de proyectos, estos ejercicios te prepararán para abordar proyectos web más complejos en el futuro.

Instagram:
@deseo.editorial

TikTok:
@deseo.editorial

Facebook:
Editorial Deseo